Et Velsignet Liv i Kristus

Af Grace Selah Penuel

Lidt om mig

Jeg er opvokset i Kenya i et hjem, hvor far og mor var troende kristne. Mor var evangelist og Ray Leader i kirken. Vi var, som familie, medlem af den Anglikanske kirke. Jeg blev døbt, konfirmeret og lærte at læse i biblen i dén kirke.

Da jeg var 26 år, fik jeg en personlig tro på Jesus Kristus som Herre og Frelser. Jeg blev frelst, befriet fra depression og kom i en pinsekirke i Winners Chapel, Mombasa. Dér blev jeg døbt i Heligånden, begyndte at læse mere i biblen, og lærte at gå i forbøn for andre menneskers frelse.

I Danmark er jeg en aktiv del af kristne fællesskaber. Jeg er gift med min elskede Jan og er mor til vores skønne velsignelse, Daniella, og nogle kristne åndelige børn. Sammen er vi Jesu disciple, i kontinuerlig vandring med Ham.

Om digtsamlingen

"Tit skriver jeg efter mit daglige bibel studie, forbøn og fælleskab med Herren Jesus Kristus. Jeg håber, at disse digter er til velsignelse for dig der læser, ligesom det har været en glæde for mig at skrive. Jesus fred til dig."

Af Grace Selah Penuel

Korrigerede af min kære svigermor Inge Thomsen

Indholdsfortegnelse

Jesus disciple

Tak Jesus min Herre og Frelser,
at jeg må, ved tro, i disse omgivelser,
danse i lovsang til dig og lovprise,
Ham som, ved nåde, er min vej viser.

Jeg læser dit hellige ord i Biblen,
og lad mig drage af din Helligånd til hvilen,
som ikke har en udsigt til enden,
og ved tro, modtager jeg, og siger Amen.

Jeg husker de utallige gange,
minder mig selv om de mange,
måder du har udtrykt din livslange,
kærlige hjælp, uden penge at forlange.

Nu har jeg frimodighed til at fortælle,
om dine vidnesbyrd der fylder mere end en novelle,
eller to, eller tre eller flere tusinde,
som en del af de troendes sjæle og giver ro i vor sinde.

Gud er god

Gud, du er for evigt god, og nådefyldt,
jeg tro, at din nåde varer til evig tid,
ligesom din frelse og retfærdighed,
derfor, af hele mit hjerte, vil jeg takke dig.

Jeg vil takke for den dag din nåde fandt mig,
mens jeg stadigvæk levede, som en synder,
og vandrede i mørket som fandtes udenfor din vilje,
sammen med dem, som levede uden dit herlige lys.

Din godhed og nåde bragte mig,
ud fra mørket og ind i dit herlige lys,
i det vidunderlige sted hvor de troende fandtes.
Tak for at du bevarer mig i de gudfrygtiges forsamling.

Jeg ved, at du vil altid forsørge dem der tro på dig,
og sikre, at de er bevaret i troen på dig,
så ved din Søn Jesus herlige genkomst,
vil vi ved tro altid være sammen med Kristus.

Din kirke

Jesus, min Herre og frelser,
du som ved din nåde er også min "Healer,"
tak fordi jeg må stå i din kirke nu og lovsynge,
dig som har givet mig alt, som er godt i dette liv.

Her er jeg sammen med dem der vil dig,
og dem som du har draget til dig,
samt mange andre, hvis hjerte du kender,
så kan vi, ved ordet og Ånden, lære at leve i dine gode
veje.

I dag hører jeg et godt vidnesbyrd,
fortalt af en glad ældre bror,
som har levet i din nåde, og som stadigvæk bor,
i din nærhed, hvor det er godt og trygt.

Tak fordi jeg må være her,
som en del af dit legeme, min Herre og Frelser,
hvor din gode vilje også må ske,
på jorden som det er i himlen Herre.

Jesus Kristus

Gud er kærlighed,
som omfavner med ærlighed,
og igennem Jesus Kristus, Han giver alle lige
værdighed,
ved tro på Kristus, vores håb og kærlighed.

Han gav os Jesus Kristus sin elskede Son,
som Herren og Frelseren,
så alle som ville komme til tro på Gud,
vil ved Ham regnes som Guds børn.

Har du overvejet hvem din Herre er?
Har du mødt andre der kan frelse ligesom vore Frelser?
Kom til Ham, som frelser ved tro, og giver helse,
Jesus Kristus, som er liv, og som alle kan vælge.

Du er Gud

Du er Gud som lader din sol skinne,
på alle der er på vor jords store scene,
som er skabt af dig Herre, og som ingen kan ligne,
og din nåde er altid til at finde.

Du er Gud som giver din fred til mænd og kvinder,
og det er den fred, som overgå al forstand, og vinder,
over alle mørkets skygger i vore sinde,
tak, fordi din fred fylder os med gode minder.

Du er Gud, som kan se vores tro på dig,
og anerkender hvor vi befinder os på troens vej,
uanset om det er marts, april eller maj,
tak for din trofasthed, der skaber tryghed i mig.

Dit Rige

Kære Himmelske Far som elsker,
vi mennesker som du skabte og prissætter,
så meget, at du sendte Jesus som du elsker,
til os, så ved tro, bliver Han vores evig frelser.

Kom med dit herlige rige,
det er vores forbøn, som har ingen lige,
så ved troen på dig kan vi sige,
at dit rige på jorden vil blive.

Tak Far fordi dit rige er mere end en ægte perle,
mere end guld som nogle kan ved fejl vælge,
samt mere end den fineste verdslige juvel,
og mere end alle vores fine ord, og her menes alle…

Tak fordi du har givet os adgang,
til dit herlige rige i tider med glæde og medgang,
men også tider med sorg og modgang,
igennem Jesus blod som frelste os dengang.

Nu kan vi ved troen på dig og dit ord vandre,
på jorden i din fred, som er udgydt i vores indre,
og som formå, at gøre vores legeme raske,
så i taknemlighed kan vi tjene Gud i Kristus sejr.

Jesus Nåde

I lang tid ledte jeg efter nøglen,
og troede, at det var i orden,
at stræbe som i sporten,
eller altid prøve at få mere viden i skolen.

Tak at, det er kun på grund af din nåde,
kom du mig i møde,
da jeg blev træt af, at udforske livets gåde,
og tog mig med i din godhed.

Herren du lærte mig at frelsen,
var ikke en gave der var sjælden,
som kunne findes til helten,
men var til alle uanset slægten.

Tak for din frelse og retfærdighed min Herre,
du som af kærlighed gav din kære,
så alle vore synder kunne Jesus blod fjerne,
og hver frelste kan ved troen, stråle som et stjerne.

Jesus kærlighed

Tak fordi vi må være dine elskede børn,
som kan komme til dig i forbøn,
og få hjælp til alle gode gerninger i livet.
Du er mere end det anker der fastholder skibet,
så vi ikke blive forført af den onde,
men i din retfærdighed og tro kan vi vinde.

Paulus, Peter og Johannes var også dine,
ligesom alle de andre elskede disciple i den tid,
og igennem dem vidste du os som tro på dig Jesus,
at din kærlighed er mere ægte end Venus,
fordi du gav alt, så kan de troende i Kristus formes.

Intet er skjult

Tak himmelske far, fordi du ved alt,
og er mere end en strålende lys der lyser i mørket,
for dig er alt åben og intet er skjult,
også vores tanker der er lige så mange som salt.

Tak fordi du hjælper mig til, at tænke dine tanker,
mere end salt der er tilført i maden, frembringer,
det som vand ikke kan fremme, nemlig, smagen,
og det betyder også, at salt skal ud af bøssen.

Tak fordi jeg må være dit barn,
selvom jeg, som Saul, har engang været som et tyran,
der herskede over mit liv, uden hensyn til din vilje,
og troede jeg var lige så uskyldig som en lilje.

Tak fordi du fandt mig og frelste mig,
og nu i Kristus tilhører jeg kun dig,
og vandrer ved Guds nåde i din vej,
hvor din kærlighed, tro og håb er min sejr.

Guds visdom

Tak for din visdom min Gud,
som du, igennem Kristus, har sendt ud,
og som en god sæd, kan plantes og gro,
så den gavner og vejleder dem som tro.

Livets lang og indviklede vandring,
uden din visdom er en udfordring,
men Herren Jesus har lært os,
at det bedste råd, er det kun dig, den findes hos.

Kong David søgte din visdom,
og du gav ham så meget da tiden kom,
til at bruge den visdom flittigt i din rigdom,
som var Israel, hvor dit udvalgte folk boede.

Nu er jeg taknemlig, at vi er også dine børn,
som er frikøbt af Jesus blod,
og takker fordi vi må få din visdom,
og bruge det til, at leve og tjene i din rigdom.

Jesus gode hyrde

Tak Jesus fordi du er min gode hyrde,
og at jeg må hører til blandt dine får.
Du kender mig og hjælper mig,
til at adlyde dine vejledninger.

Tak fordi jeg må følge Dig, min Herre,
og du har frelst og givet mig evigt liv.
Ved Helligåndens sejl, ved Jesus blød,
sikrer Du at jeg kan blive hos dig altid,
til du kommer igen for, at tage din kirke.

Tak fordi jeg må være en del af din herlige kirke,
dit legeme på jorden og som du kærligt råder over.
Du er vores gode og herlige konge,
og alle som tror på dig kan altid være i dit nærvær.

Guds befalinger

Jeg følger gode Guds befalinger,
ved hjælp fra Ham, som skabte mig,
så oplever jeg, at leve i Hans fred,
for Han har besejret, fjenden og hans løgn.

Hurtigere end et lys der tændes,
i et naturlig mørke og giver lys,
er min Guds ord og Helligånden,
som er givet mig til hjælp for vandring i dette liv.

Pris, tak og ære til vore gode Gud,
som er Jesus Kristus far,
min Herre og Frelser,
min retfærdighed og glæde.

Hans befalinger er til vor gavn,
og er ikke en byrde som tynger ned,
men hjælper de troende i, at leve retfærdigt,
så der gives mere ære til Jesus Kristus navn.

Sandhed

Til min kære Himmelske Far,
jeg ved at Du har alle svar,
for kun fra dig udgå alt som er godt,
derfor beder jeg om stort og småt.

Du kender alle menneskers inderste tanker,
fra din gode overflod i os, kan vi give godhed videre,
og vi kan leve i dit lys, som også lyser for alle,
uanset køn, etnicitet eller alder.

Tak for du er vejen og sandhed,
som fandt os i vores rådvildhed,
og i din tro, håb og kærlighed,
forer os ind i din sandhed.

Tak, at dit hellige ord må altid bo i mit indre,
rense og gøre mine tanker og handlinger rene,
så alt i mit liv kan blive til din ære,
og dine som ser din nåde dermed, kan din sandhed lære.

Vidunderlige

Jeg glæder mig til, at se dine skabninger,
de gode ting som peger på dine handlinger
for de er kun vidunderlige!

Tak, fordi det du skabte fejler intet,
mere end Solens strålende lys i mørket,
for de er kun vidunderlige!

Tak fordi mennesker, dyr og alt som ånder,
er afhængige af dig ligesom blade på træer,
og du gav rigelig af de gode som vi har brug for.

Tak for at du lærer mig, at se din godhed i alt,
også hvor det kan være svært,
så kan jeg takke og prise dig, kære vidunderlige Herre.

Kong David bad til dig tre gange om dagen,
og han havde vænnet sig til at prise dig syv gange,
og det gode forhold til dig, var kun muligt med
Helligåndens hjælp.

Godhed

Tak Far for Solen der stråler så smukt i dag,
som giver varme til planter, dyr og mennesker,
og minder os, at din godhed er der for alle.

Tak Far for månen som skinner om natten,
omringet af nattens mørke himmel,
og minder, at selv i mørket er du der.

Tak Far for stjernerne som stråler i himlen,
spredt ud så der er plads til hver at skinne,
og minder mig om, at du har god plads til hvert
menneske.

Tak Far for dit ord, der er altid nær,
i skrift og i det der åbenbares af din Helligånd,
og minder om at du har skrevet dit kærlighedsbrev til
den troende.

Du leder

Tak fordi du er min gode Far.
Du leder mig til din godhed, min Herre,
for jeg ved kun lidt om det hele, mens jeg er her,
og tror, at du har mere af din godhed klar.

Tak fordi vi kan tjene dig kærligt Far.
Du leder os som er kaldet i Kristus,
til at tjene dit fællesskab i dit herlige hus,
og mens vi tjener åbenbarer du mere af din godhed.

Tak fordi du har givet alle evigt liv.
Du leder os til at finde dit ord,
og når vi høre det, kommer troen,
så har vi mulighed for, at vælge liv fra dit bord.

Tak fordi du leder den enkelte troende,
som en god hyrde leder sin hjord,
og giver sindsro, indre fred og glæde,,
for vi ved, at i dig har vi alt de gode som vi trænger til.

Den gode hyrde

Vore vidunderlige gode hyrde
vi takker om nåde til at adlyde,
dit ord som lyser mere end tusind stearinlys,
og glæder mere end et andet menneskes kind kys.

Paulus og Peter adlød dit ord,
og er blandt dem som sammen med os tror,
dine disciple som i din have trives og gror,
og i din nærvær finder sindsro.

Dit ord er lyset i mørket,
som belyser hele huset,
og renser med rent vand,
så vi er trygge i din hånd ved tror.

Herre Jesus tak for hjælp til at elske,
din kirke og skille mig fra alle de falske,
tanker og ideer som kan din kærlighed svække,
og i stedet glædes over din sandhed og det himmelske.

Ren vand

Ren vand er i bevægelse,
fra vand hanen til udløbet,
og videre.

Det giver indblik,
i livets instanser,
i nuet.

Tak Herre Jesus for livet,
og at jeg må leve i det,
i dag.

Tak for din kærlighed,
der er ligesom en evig strøm,
af rent vand.

Lyden

Der er stilhed herude i aften,
og det kan ses at natten er på vej,
undtagen for Svanens lyd.

I midten af livets udfordringer,
er der altid noget der er anderledes,
og som man kan takke Herren Jesus for.

Selv på Golgotha,
hvor vor Herre Jesus led på korset,
var der en tyv der blev frelst.

Lyden af stilhed,
er vigtig midt i verdens larm og uro,
for at minde om at Gud er nærværende.

Liv

Der er godt liv i de træer,
som ikke er så synlig endnu,
ligesom der er i de tre fugle,
som flyver mod deres mål.

Ved tro på Gud ved jeg,
at der er liv i Jesus Kristus blod,
som rensede al synd og frelste mig,
retfærdiggjorde og gjorde mig til Guds barn.

Liv i Kristus er evigt liv,
og kan kun findes i Ham ved tro,
som kommer af det der høres,
og ved Hans ord som også er skrevet.

Hjælp til tiden

Herre Jesus, du har altid været,
den hjælp som jeg søgte,
ligesom en tørstig hjort søger vand.

Hvorfor vidste jeg ikke,
at det var dig jeg søgte,
alle de år hvor jeg vandrede i mørket?

Tak fordi du tillad mig finde dig,
ved først at finde mig,
og lad mig vide, at du vil mig det godt.

Det var hjælp til tiden,
og det er jeg taknemlig for Herre,
for uden dig var jeg gået fortabt.

Jeg priser dig Herre,
for du er god og din nåde værer for evigt,
og du er den samme i går, i dag og for evigt.

Dit ord

Sølen der stråler og giver varme i dag,
til alle uanset om de elsker dig eller ej,
er et billede på dit kærlige ord,
som er lyset til alle som du har skabt.

Dit ord er vores sande lys,
som er noget skrevet bibelsk skrift,
men med Helligånds åbenbaringer i din kirke,
bliver det til liv, lys og alt for os.

Nu ved jeg lidt af hvorfor du gav ordet,
for ingen kan vide alt det der er i dit hjerte,
på denne side og livet i Kristus,
fordi al din viden er mere end vi kan rumme.

Men jeg ved at dit ord,
viser os den vej som vi skal gå,
når vi tager imod det som en gave fra Gud,
og ved tro adlyder det du har sagt.

Dit ord og din Helligånd,
er i enighed og i et perfekt samarbejde,
med Jesus blod som for evigt vidner,
at vi er frelst, retfærdiggjort og Guds børn.

Tak Jesus

Tak Jesus min Herre og frelser,
fordi du passede på mig og mine,
og sørgede for at jeg ikke snublede og faldt,
da jeg var svækket i tro og var lige ved at give op.

Du gode Herre talte ind i den formørket tid,
så din magtfyldte og rolige stemme lyste mit indre op,
beroligede mig som et lille barn ved moderens bryst,
og derfor bobler glæden frem nu når jeg mindes den tid.

Tak Jesus fordi du er nærværende,
dit gode ord, fred og din nåde varer for evigt,
hos dig kan vi trygt hvile i troen,
da du er hjælp til tiden for alle som søger din frelse.

Tak Jesus for i dit ord finder jeg ro og hvile,
derinde finder jeg liv, håb, tro og glæde,
opmuntring, kærlighed, retfærdighed og alt godt,
og intet kan sammenlignes med ordet.

Gud er god

Almægtige Gud, du er god,
fra dig kom hjælp til mig i tiden,
da jeg vidste ikke hvilken vej jeg skal gå,
og hvordan jeg skulle takle livets udfordringer.

Du var mere end en god far,
som opmuntre, vejleder og retter sine elskede,
dem som i tro på hans godhed, sørger hans hjælp,
igennem livets små og store udfordringer.

Nu ser jeg tilbage,
med taknemlighed og ære,
på hvordan du altid har været til stede,
og hjulpet mig i denne livsvandring i Kristus.

Hjælp mig til at huske,
at det er ikke det lille barn der skubber barnevognen,
men moren der hjælper til, så opgaven virker for let,
drevet af den kærlighed fra en oprigtigt hjerte.

Solen skinner

Solen skinner så skønt i dag,
med en fredelig varme som er eftertragtet,
og jeg er taknemlig fordi det også er fridag,
selvom Gud skal takkes for alle dage.

Han skabte mandage, tirsdage og onsdage,
Torsdage, fridage og lørdage,
alle helligdage samt søndage
og Han takkes for freden i alle dage.

Sølen skinnede også i går,
hvor jeg sad ude og betragtede en blomst i gården,
taknemlig for Jesus fred i en tid med uro i verden,
for Hans fred er ligesom lys der skinner i mørket.

Hjælp mig

Tak Jesus Kristus for hvem du er,
Guds elskede Son som kom til jorden for at give,
evigt liv til alle som tror på dig,
og som påkalder dit navn som Herren.

Hjælp mig til at indse mere af hvad du har ofret,
for at gøre mig til Guds barn,
og en del af din hellige kirke,
som du har frikøbt med dit eget frelsende blod.

Hjælp mig til at hjælpe andre,
så kan de også se, hvor stort et offer du gav,
for at alle mennesker kan frelses og blive til Guds børn,
og en del af din kirke; dit levende legeme på jorden.

Du gode Guds Son som hjalp Peter og Paul,
mens den anden fornægtede dig i nødens stund,
og den anden forfulgte dig i uvidenheds raseri,
så kom de til tro på dig og blev Guds børn og en del af
din hellige kirke.

Den gode hyrde

Tak Jesus fordi du er min sjæls gode Hyrde,
som leder igennem livet som du har udtænkt mig,
du er god og giver kun gode gaver fra din godhed.

Du leder også når jeg oplever modgang i dette liv,
så alt virker til gode for mig, som en af dine elskede,
som du har frelst, retfærdiggjort og kaldet til at ære dig.

Tak fordi du gav mig en lovsang, et skrifted og din fred,
til opmuntring, da jeg stod i fortvivlelse,
og du hjælper mig til, at vende til din fred igen og igen.

Herre du er god og din nåde varer for evigt,
da du rettede uden at fordømme for de gange,
mine tanker vandrede væk fra dit ord til fremmede
steder.

Guds Son, der er ingen så herlig som dig,
for du er Gud som har frelst og kaldet os dine,
så vi kan leve til din tak, pris og ære.

Må alle dem der stadigvæk er uden for Kristus,
som ikke har oplevet din nådefyldte frelse og kaldet dig
Herren, finde dig i god tid, før du kommer tilbage igen.

Taknemlighed

Tak Herren Jesus at dit ord,
 kom frem med godt nyt,
nyheder om alle de gode ting,
 du har gjort og gør.
Vidunderlige vidnesbyrd om dine gerninger
i din kirke og blandt dem du har kaldet,
 til at blive en del af den.

Tak fordi på grund af Jesus blod,
 du lader mig høre de gode nyheder,
 der kommer fra dit ord.
Du har ledt mig til forbøn,
 for dem dem du elsker,
og som ved troen på dig,er renset,
ved dit blod, frelst og retfærdiggjort.

Tak for vejledning i dit ord,
til at bede uden ophør,
fordi når vi som du har kaldet ved tro,
 beder i dit navn, ærer vi dig.
Og dermed tilføjer vi tak,
lovsang og pris til vor herlighedens Gud,
så ved vi at du gør gode
 og vidunderlige ting på jorden.

Kærlighed

Tak og pris til Gud som er alle menneskers skaber,
som gav af sin åndedrag til alle,
og som elsker alle med en grænseløs kærlighed,
mere end solen der skinner på alle.

Tilgiv mig for alle de gange jeg har glemt,
at elske andre med den kærlighed,
som du har elsket mig med,
for som dit barn, vokser jeg i troen på dig.

Tak fordi du har hørte min råb,
da jeg råbte til dig i nødens stund,
og frelste mig fra djævlens løgne,
med en kærlighed der er mere end regn i tørken.

Tak for Jesus blod, ordet og Helligånden,
som kærligt vejleder mig trygt og sikkert,
og virker millioner af gange bedre end en GPS,
til at lede mig i din vilje, vej og evigt liv. Amen.

Du hjalp mig

Tak Herre fordi du hjalp mig,
da jeg ikke kunne finde det sande jeg,
fordi jeg havde valgt den forkerte vej,
hvor din fred var sjælden som sne i maj,
og fortvivlelse herskede som en uønsket krig.

Ved dit udgydte blod, ord og ånd som jeg drak som vin,
tog du kærligt min hånd i din,
 hjalp mig tættere på dig trin for trin,
og åndelig blindhed blev fjernet som et gardin,
så jeg kunne se mere af din velsignede herlighed.

Nu ved jeg at du elsker mig Herre,
og i dit hjerte har du mig kær,
dine fredfyldte og gode tanker for mig kan jeg mærke,
og ved tro kan jeg værne,
om den herlige frelse og retfærdighed som du gav mig.

Gud er god

Til alle venner vil jeg gerne fortælle at Gud er så god,
selvom ingen menneske kan regne Ham helt ud,
eller fuldstændig forstå alle Hans bud,
er han millioner af gange bedre end sølv og guld.

Venner vi kan frimodigt erklære overfor verdenen,
at ligesom solen der altid opstår fra østen,
og ved aften tid, gå den ned i vesten,
er hans godhed så sikker at vi kan dele glæden.

At blive Guds børn ved tro på Hans frelse,
ske ved tro og omvendelse fra oprør mod Ham,
og dåben som bekendelse at man nu tilhøre Jesus
Kristus, og det gamle syndige liv er forbi.

Venner der kommer en gave fra Gud ved frelsen,
en gave som er Guds egen Helligånd,
som er med os der tilhøre Ham, og er som hjælp,
til at leve i lyset som Gud har kaldet os ind i.

Ord og høsten

Herre du er god,
ved din nåde har du frelst os,
og givet os, ved tro, din retfærdighed,
selvom vi ikke fortjente det.

Jeg talte mange ord,
deltog i argumenterne venstre og højre,
plantede nytteløse ord hist og pist,
men manglede at plante dit sande ord.

Så begyndte ordene at vokse,
fordi de blev jo sået,
og grunden var der til vækst,
synd som herskede i sjælen.

Da blev mindet om væksten,
og spekulerede på hvad der bliver af høsten,
blev jeg forskrækket,
som en mus der har set en kat.

Jeg løb til den gode Herre Jesus,
for Hans godhed dragede mig til Ham,
og på grund af Hans nåde modtog jeg frelsen,
og retfærdighed som en gave.

De nytteløse ord som jeg havde plantet,
og som djævlen skulle har brugt imod mig,
blev øjeblikkelig slettet ved Jesus blod,
og i stedet for fik jeg Guds ord til at plante og høste.

Zion

Vi samledes i dit hellige navn Herre,
I Zion din udvalgte by,
hvorfra udgår fornyet styrke,
og frelse til at redde dit folk.

Hvordan kan man tillade sig at juble,
midt i alle de ting der sker i verden,
ligesom krig der forgår over i nabolande,
sult, tørst og mangel på fred i nyhederne?

Det kan kun være ved tro på den gode nyhed,
som er givet i gennem dit ord og Helligånd,
en tro som fører til menneskets indre fred,
og derfra beder vi, at din vilje ske på jorden som i
himlen.

I Zion beder vi din vilje vor Herre,
der hvor vi samles i dit navn Jesus,
hvor du er den gode hyrde,
 og vi, ved troen, er en del af din hjord.

Værdighed

Tak Herren Jesus Kristus.
At hos dig har alle lige værdighed,
for alle har det iboende liv.

Værdighed vises ved den kærlighed,
som drev dig til at give dit liv,
som et løsesum for vores synder.

Tak vore gode Herre Jesus Kristus,
at vi er tilgivet, frelst og retfærdiggjort,
ved tro på dig, vor Herre og Frelser.

Ved tro kan vi modtage den kærlighed,
som samarbejder med håb og tro,
til din pris og ære for evigt og evigt.

Retfærdig

Tak fordi du har sagt, at jeg er retfærdig,
og bevar mig i Kristus hvor jeg kan høre dig,
som en del af din velsignede, hellige kirke,
hvor du forsætter det gode arbejde, som du begyndte.

Kun på grund af dit udgydte blod på korset,
kan alle som tag imod dit kald ud af mørket,
og ind det bedste gave som er dit herlige lys,
kaldes dine elskede børn i Kristus.

Din frelse og retfærdighed er den bedste gave,
mere end de dyreste guldsmykke som smeden kan lave,
og dem har vi fået frigivet igennem Jesus udgydt blød,
med dem har vi bestået himmel portens adgangs prøv.

Tak og pris og ære til dig min Herre, som kan frelse,
den bedste som hjælper mennesker når de skal vælge,
ligesom du hjalp den gode Samaritan, så hjalp han sin
næste, og i den gerning gjorde hvad der var god og
retfærdigt.

Tak Gud

Sommer er snart her og biadene på æbletræer,
er lige så mange som blomster,
i det gode Danske Solskinsvejr,
som varmer og frembringer mere glæde,
så vi har mere at takke dig for.

Tak Gud for din almægtighed,
som viser sig igennem Jesus blod, som har Hans liv,
og overalt igennem din nåde til den verden du skabte,
og tak for din godhed i ordet, som opleves ved
Helligåndens åbenbaring.

Tak Gud for din trofasthed,
og selvom vi mennesker, som du skabte,
prøver, men kan aldrig måle op til din trofasthed,
har du aldrig svigtet, og er for evigt trofast.

Tak Gud for din kærlighed,
som du udtrykte ved at handle trofast på,
og gav din elskede Søn Jesus Kristus,
så ved tro på Ham, får vi frelse, retfærdiggørelse og
evigt liv.

Guds rige

Jeg læste om Paul, Peter og Johannes,
som levede et liv i tro på Herren Jesus,
og af Ham lærte de at forkynde,
det gode nyhed om Guds rige.

Hvad, egentlig er Guds rige,
for det vil jeg gerne vide, før jeg kan forkynde,
ligesom Matthias, Markus og Lukas vidste,
og fra fællesskab med Herren selv, blev de udlærte.

Guds rige er retfærdighed, fred og glæde i Helligånden,
og det er ikke noget vi få igennem verdslig visdom,
men fra det gode fællesskab med Herren Jesus,
og ved tro, kan alle der kalder på Herrens navn frelses.

Søge først Guds rige, stå der i biblen,
og Hans retfærdighed,
så bliver alt andet givet dig i tilgift,
og det er til Guds ære..

Lær mig

Din ydmyghed lær mig at være også det,
og opleve din nåde, min Herre og Frelser,
så jeg kan være nådefyldte over for andre.

Overflod af din godhed gode Gud,
mætter min sjæl med alle himmelske velsignelser,
og lære mig at være det for andre her på jorden.

Du er god Gud og din nåde varer for evigt,
derfor kan de troende trygt være i din nærhed,
og alle dem du drager nær til dig med dit strålende lys.

Mere end solskin der giver lys og varme til alle,
er din kærlighed som lær mig at elske,
ligesom du elskede mig først, og dermed forkynde din
frelsende evangelie for andre.

Min tilflugt

Tak Jesus fordi du er,
min tilflugt i gode tider,
og i tider hvor stormen raser.

Kom og se hvor smukt,
solen stråler og er varm,
og fortæller, at skaberen er herlig.

Tak Jesus for du er,
min hjælp i de små ting her,
og i de store livsudfordringer.

Sne er udenfor er hvid og ren,
og giver mig lyst til gå hen,
og opleve det sammen med min mand og ven.

Tak Jesus fordi du er,
min trofaste Gud nu og her,
på jorden hvor jeg ved tro vandrer.

Vinden blæser,
og igennem vinduerne kan ses, at bladene rasler,
og minder om et symbol på din Heligånds bevægælser.

Tak Jesus fordi du er,
min trofast Herre og Frelser,
som ved tro har sikret mig evigt liv.

Et godt forhold

Tak for du, gode Herre, valgte at have et forhold,
til alle som vælger, at tro på dig,
før verden som den nu er, blev til.

Et forhold til dig Jesus Kristus,
Herren og Frelser, vejen, sandheden og livet,
er et godt forhold til den kærlige Gud.

Tak for du holder dem der tro på dig i din stærke hånd,
og rådgive dem med din gode visdom livet igennem,
og når livet på jorden afsluttes er der herlighed i vente.

Din ære

Tak Gud for du er god,
for du har grebet ind i sagen,
hjulpet mig til at stole på dig,
og drevet fredens fjend bort,
ligesom stormen blæser røg væk.

Tak Gud for du har forsvaret din ære,
som en overvinder, retfærdig og trofast Herre,
og vist at du er ikke bare i ord, men også i handling,
og ingen er lig med dig,
for du skabte alt til din ære.

Tak for din nærvær kære Jesus,
for du vidste omsorg og trofasthed,
og gav mig ro i sjælen,
da tårene trillede ned af mine kinder,
og jeg troede at jeg var alene med fjenden.

Tak kære Jesus fordi du mindede mig,
om at kigge op til himlen og se,
at der er altid en god Gud over mig,
som vogter sit ord og lofter,
om at være tilstede, selvom jeg bare er et barn.

Tak God for du er værdig all min pris,
gode Gud og skaberen af himmel og jord,
og alt det det indeholder som er god,
og på grund af Jesus blod kan jeg støle på,
at fremtiden i Kristus og dig er fredfyldt, sikker og
herlig.

Retfærdighed

Tak Jesus fordi din retfærdighed her sejret,
over alt uretfærdighed der kom gennem Adams synd,
og den forbliver i første position for evigt. Amen.

Den er mere hvid end nyfalden sne,
som er belyst og kridthvid idag,
men snavset af jorden og mudret i morgen.

Tak fordi nu ved tro på Gud,
må vi få del i din retfærdighed som gave,
helt ufortjent men givet på grund af Kristus.

Gud du er god og din nåde varer for evigt,
derfor kan vi komme til dig og modtage,
af din godhed og nåde, bl.a din retfærdighed.

Taknemlighed

Tak almægtige Gud for hvem du er,
Hersker og Herren over alt,
som har magt over alle folkeslag,
og elsker alle som en.

Tak fordi du ser på din kirke og nationerne,
med kærlige øjne på grund af Kristus blod,
som rensede og forenede dit skaberværk med dig,
og nu kan alle ved tro modtage din frelsende kærlighed.

Et bjerg som mount Kenya kan stå urokeliget,
majestætisk og løftet over mange høje i horisonten,
men du har mere end det gode syn, vor Gud,
og du er levende, kærlig og nærverende.

Miraklernes Gud

Tak Herre og miraklernes Gud,
for du er det samme igår, idag og for evigt.
Da du vandrede her på jorden, som et menneske
du velsignede mennesker og resten af din skaberværk,
med din kærlige tilstedeværelse.

Nu er du stadigvæk her,
ved din Heligånd, som udfører din vilje,
på jorden som i himlen, og gode Gud.
Selvom der er krig og rygter om krig i verden,
har du sagt at du har vundet over verden's ånd og i
Kristus har vi, som tro, din fred.

Tak Miraklernes Gud og vor Frelsende Herre,
at vi som ved din nåde, har valgt at tro på dit ord,
kan leve frit i din gode Heligånd,
og leve i din godhed, som findes i Kristus.
Tak fordi ud fra din godhed,
kan vi være til velsignelse for andre i verden. Amen.

Du er helse

Tak Jesus for Du er Helse for denne ånd,
og den som sikrer dens evige velstand,
ved dit blod som har renset og ordet der som vand,
har fjerne alt som er usandt.

Tak Jesus for du er helse for denne sjæl,
og den som gav ordet der forhindre mistrivsel,
og sikkre at jeg går fra helighed til herlighed,
til pris, tak og ære for dig min Herre.

Tak Jesus for du er Helse for denne krop,
og den som renser det ved dit kærlige, trosfylde ord,
så den kan bruges i tjeneste i dit rige,
og til velsignelse for din kirke og nationer som du
skabte.

Herre Jesus

Tak Jesus min Herre,
Frelser og min retfærdighed,
for alle de gode ting du har gjort i mit liv,
og nu kan jeg prise dig her.

Den gang var der mørkt overalt,
og jeg var bange for at blive omsluttet af det,
men dit herlige lys og ordet kom,
og du blev den som sejrede over alt.

Du er værdig al min pris og lovsang,
i går, i dag og for evigt,
for ingen anden kan redde fuldstændigt som dig,
vores gode og nådefyldte Gud.

Gud

Almægtige og kærlige Gud,
vidunderlige og frelsende Herre,
trofaste og nådefyldte Hersker,
tak for hvem Du er.

Jeg fulgte Guds befalinger,
ved Hans nåde og hjælp fra det høje,
så oplevede jeg at Han besejrede,
fjenden, djævlen, og dem han leder.

Hurtigere end stearin lys der tændes,
i nattens mørke og giver herlige lys,
er min Guds ord og Heligånd,
som er givet mig i detter kristen liv.

Pris, tak og ære til vor Gud,
som også er Jesus Kristus far,
min gode Herre og Frelser,
og min retfærdighed og glæde.

Dine skaberværk

Solen hvisker sin morgen tak og pris,
til Almægtige Gud der har skaberkraft,
mens den sender sin varme til jorden,
og kigger frem til sin tjeneste i timevis.

Månen vidner igen om Guds storhed,
som overgår al forstand,
i går, i dag og for evigt,
og er glad for sin ytringsfrihed.

Stjerne blinker kraftigt og klart,
og priser Gud der gav hver sin særlige plads,
hvor den velsigner os med skønhed midt i mørket,
og gør tilværelse på Hans jord mere rar.

Guds Ja

Tak Jesus fordi du er,
vore Herre og Frelser,
igennem hvem Gud har sagt Ja,
til os som tro og til alle som vil tro.

Tak Jesus fordi du blev lydig,
hele vejen til korset for at frelse vores liv,
så alt det som Gud har lovet,
kunne bliver opfyldt igennem dig.

Tak Jesus at vi også fik lov,
til at sige Ja til Gud ved troen på dig,
og nu ved Hans nåde lever vi til Hans ære,
og forbliver i Kristus ved tro og lovprisning.

Tak Jesus for du har fyldt de troende,
med Helligånd, som er Guds gave,
og vores hjerter med Guds kærlighed,
så kan vi vandre troen der virker ved Hans kærlighed.

Et Valg

I Jesus navn har jeg,
et valg på Hans vej,
at stole på Herren min Gud,
eller at stole på sølv og guld.

Min gode Gud redder og frelser,
alle sine udvalgte i Ham, og som Han elsker,
og Hans rene kærlighed bryder lænker,
så i Heligåndsfrihed kan vi leve.

Tak min Gud for det valg,
som ikke er til salg,
men givet så i din frihed,
kan jeg vælge din godhed.

Et valg har alle vi,
som Gud skabte og gav liv,
så ved tro på Ham kan vi vælge,
at leve i mørket eller i Kristus' lys.

Herrens Lys

Tak Herre Jesus, min Frelser,
min retfærdighed, fred og håb,
trofaste ven, herlighed og Hyrde.

Tak for dit lys som belyser min sjæl,
og hjælper mig til at rette mine tanker,
og motiver til noget som ære min Gud.

Tak Herre Jesus, min Gud,
min læge, vejleder og visdom,
velsignelse, kærlighed og magt.

Tak for du er den levende Gud,
hvis levende lys belyder min fremtid,
og viser mig hvilken vej jeg skal gå troens vandring.

Trofast Gud

Du er trosfast Gud,
og du giver mig mod,
til at leve livet i Kristus,
som et barn i dit hus.

Du lytter og reagere,
til mine bønner som er sagt,
ved troen på din frelsende godhed,
som et får i din hjord.

Tak for du giver mig nåde,
til at forsætte dette liv,
igennem den iboende Kristus,
 og i din herlige tjeneste.

Andre digtsamlinger og bøger af Neema Penuel.

- Nuru life poems
- Nora and Nia

Jeg vil gerne takke:
min kære mand Jan for støtte og opmuntring i alle tider og vores skønne datter Daniella for sin Jesus-inspireret åndelige indsigt og friske nye idéer. Jeg vil også gerne takke min kære svigermor Inge for støtte i forbøn og korrigering af dansk sproget og mine brødre og søstre i kirken, som vandrer sammen med mig i troen på Jesus vor Herre og opmuntrer og beder for min familie. Til sidst vil jeg takke alle som på en eller anden måde har hjulpet mig videre i troens vandring …

© 2023, Neema Penuel
Forlag: BoD – Books on Demand, Hellerup,
Danmark
Tryk: BoD – Books on Demand, Norderstedt,
Tyskland
ISBN: 9788743055112